Autour des
salons et salles à manger

Mobilier • Rangement • Agencement

Avant-propos

Le XXᵉ, un siècle de créations

Au cours du XXᵉ siècle, le mobilier a connu toutes les audaces. Les styles se sont enchaînés à vive allure, évoluant au fil du temps en fonction des phénomènes sociologiques et de l'essor industriel. Toute cette richesse de création dont nous profitons aujourd'hui est le fruit du talent de maîtres en la matière, non seulement français, mais également scandinaves, italiens, espagnols, belges ou américains.

Un peu d'histoire

L'Art nouveau également appelé « modern style » voit le jour vers 1880 et connaît des moments forts jusqu'en 1910. Véritable rupture avec le passé, ce style aux formes courbes, chargé de fioritures, également appelé « nouille » par ses détracteurs voue un culte farouche pour la nature et particulièrement pour la flore. Les maîtres de l'Art nouveau ont une prédilection pour les bois tendres aux tonalités claires, comme le poirier, l'érable ; le sycomore… Alors que d'autres comme Majorelle préfèrent l'acajou ou encore le palissandre, plus résistants. Les salles à manger complètes fabriquées en grand nombre prennent leur envol. Avec ce mouvement naissent également des écoles de renom : l'école des Arts décoratifs ouvre ses portes en 1877 ainsi que l'école de Nancy, créée par Emile Gallé, en 1901. La presse elle-même se développe : le premier Art & Décoration est publié en 1897.

L'Art déco lui succède et connaît son apogée vers 1925. Après la Première Guerre mondiale, un besoin de renouveau, de changement de cadre de vie se fait sentir. Exit le mobilier démodé et encombrant transmis de génération en génération, les nouveaux appartements ne le permettent plus. Marqué par le contexte économique et social, ce nouveau style s'accompagne de la première apparition des salles de séjour, regroupant le salon et la salle à manger dans une même pièce. De nouveaux sièges confortables investissent les lieux. Ils disposent d'une structure tubulaire métallique, parfois chromée, habillée de cuir, de corde et des premiers Sandows. Les buffets à deux corps sont amputés de leur partie supérieure et les tables reposent volontiers sur un pied central. On privilégie les matériaux les plus rares, comme les loupes, les ronces ou encore les bois exotiques (ébène de Macassar). Les meubles sont laqués, se gainent de galuchat, ou de parchemin. Le style est sobre, d'une élégance rigoureuse et l'on favorise l'aspect fonctionnel.

Dans la deuxième partie de ce siècle, apparaît le Design, entraîné par l'architecture et l'urbanisme. Les innovations se succèdent dans un rythme effréné et la créativité fait rage. Différents styles fleurissent pour disparaître parfois tout aussi vite.

Les années 50 apportent leur lot de nouveaux matériaux : les matières plastiques inondent le marché et autorisent une grande liberté des formes, l'aluminium est très présent et surtout les couleurs font un retour remarqué : elles sont primaires, le rouge, le jaune, le bleu… font recette. Le meuble devient de plus en plus pratique et fonctionnel, les éléments à usage multiple et les petits éléments (guéridon, table, siège) foisonnent. Le mobilier est fabriqué en série par des machines sophistiquées et les assemblages sont simplifiés, les chaises sont faites d'une coque et les premiers meubles en kit font leur apparition. Les rangements sont linéaires à angles droits et se doivent d'être pratiques, l'espace est rare et cher. Les objets en contact direct avec l'homme affichent des courbes pures et harmonieuses, à l'image de l'indémodable modèle « Tulipe » d'Eero Saarinen.

Dans les années 60, de grandes marques commerciales proposent du mobilier moderne et créatif, favorisant l'évolution du goût et des mentalités.

Durant les années 60/70, période de contestation et d'agitation, on assiste à une prolifération de sièges et de structures gonflables et même de modèles en carton jetable. Toutes les lignes droites ont disparu et les structures métalliques restent invisibles. On vit au ras du sol : souvenez-vous du fameux siège « Sacco » (Piero Gatti, Cesare Paolini, Franco Teodoro) en forme de poire, qui s'adapte à la forme du corps, lorsque que l'on s'asseoit.

À partir de 1970, la crise pétrolière augmente considérablement le coût du plastique. Des conceptions plus artisanales reviennent sur le devant de la scène et des matériaux plus traditionnels, tels que le bois ou l'acier font leur réapparition. La fonctionnalité reprend le dessus et les structures métalliques redeviennent visibles.

A l'heure actuelle, les nouveaux designers sont toujours aussi bouillonnants d'idées. Certains s'inscrivent dans une certaine continuité, s'inspirant des créations d'hier pour concevoir des modèles contemporains, alors que d'autres affichent une nette rupture avec le passé, dans un esprit résolument tourné vers un futur innovant et atypique. Les rééditions fleurissent et de nombreuses enseignes de décoration offrent un large choix de mobilier, accessible au plus grand nombre.

Sommaire

Les salons et les salles à manger

Madame est servie !

La salle à manger telle que nous la concevons aujourd'hui, a vu le jour au XVIIIe siècle, mais c'est au XIXe siècle, qu'elle se démocratise, dans le monde de la bourgeoisie.

Si l'on remonte le cours de l'histoire, on constate qu'au Moyen Âge, les repas sont pris dans la salle dite commune. Pour l'occasion, la table, simple planche de bois posée sur des tréteaux, est installée non loin de la cheminée. Les convives prennent place d'un seul côté, l'autre étant réservé au service. Pour la petite histoire, il faut savoir que tous les mets, servis par les pages, sont présentés sur la table. Les officiers de bouche coupent la viande, alors que l'échanson se charge des boissons.

Sous la Renaissance, les festins ont toujours lieu dans la salle commune, mais le mobilier évolue. La table lourde et imposante affiche des pieds travaillés, sculptés et surtout elle reste en place. Mais en dehors de ces moments festifs, les repas se prennent plus traditionnellement dans les chambres, les anti-chambres, les cabinets de travail et dans les cuisines, chez les bourgeois.

Au XIXe siècle, la salle è manger prend véritablement possession des lieux. Un mobilier spécifique investit les demeures. Tables, buffets, chaises, petits tapis pour isoler du froid et bien sûr l'incontournable cloche pour appeler les domestiques, car la cuisine est encore reléguée au fin fond de l'appartement dans les parties domestiques.

A la fin du XIXe siècle, le phénomène des ensembliers, marque une évolution : la maison est réorganisée avec des meubles fonctionnels et tout est coordonné dans le moindre détail (boutons de porte, rideaux, luminaires, art de la table...).

Cette évolution touche les classes supérieures de la société. Paysans et ouvriers, ont pendant des siècles, pris leurs repas dans l'unique pièce, qui constitue leur logement. Ce n'est que vers 1920 qu'ils commencent à acheter du mobilier de salle à manger dans les catalogues. Après la Seconde Guerre mondiale, compte tenu de la nouvelle configuration des logements, les premières salles de séjour réunissant salon et coin repas font leur apparition.

Dans nos intérieurs actuels, salon et salle à manger sont également souvent réunis dans une seule pièce. Le mobilier contemporain s'inscrit parfaitement dans nos nouveaux modes de vie, répondant à une certaine recherche de bien-être, de confort et d'espace. Le style des années 2000 s'enrichit d'un passé fructueux, combiné au design et à la modernité. Les formes sont simplissimes, épurées, droites et les matières sont chaleureuses, le bois toujours très présent, s'affiche dans des teintes claires ou foncées. Les tables de salle à manger contemporaines s'habillent d'ardoise, de zinc, de verre ou encore d'aluminium.

Le phénomène salle à manger complète a quelque peu disparu. On achète sur des coups de cœur chez les brocanteurs ou les antiquaires, on pioche dans la diversité stylistique des créations contemporaines, on met en scène un mobilier parfois d'époques ou d'horizons différents. Il n'est pas rare d'associer table contemporaine et sièges baroques, d'entourer la table de chaises dépareillées, signées par des designers différents.

Le salon est synonyme de confort. C'est la pièce de réception et de détente où l'on se réunit en famille ou entre amis, les fabricants et les designers l'ont bien compris. Le mobilier est fonctionnel, moins encombrant, mobile et même modulable.

Les salons

1 - Une sensation d'espace et de lumière règne dans cette maison au caractère Art déco, optimisée par les portes-fenêtres. Le parquet en bois massif, revêtu d'un tapis en sisal délimite discrètement le salon. Alors que le wengé, le verre sablé et l'Inox habillent la plupart des éléments de décoration, les rééditions uniques (canapé, table basse) côtoient de véritables antiquités, telles que la chaise longue de Le Corbusier, Jeanneret, Perriand, ou encore cette lampe des années 25. Détourné de sa fonction originelle, l'ancien comptoir de réception d'hôtel des années 30 officie en tant que bar. Architecte Tanguy Maisin.

2 - Avec la rigueur inhérente aux années 30, ce salon d'époque dévoile des lignes empreintes de pureté. Les sièges cabriolets de Printz entourent une paire de tables en chêne cérusé et un parchemin de Dupré-Lafon, disposées en biais, avec en toile de fond, deux tableaux abstraits signés Victor Vasarely. Galerie Jean-Jacques Dutko.

Les salons

1 - Matériaux de récup' et objets de charme investissent ce salon bibliothèque.

D'anciennes poutres de chêne ont servi à réaliser les montants et les étagères principales de la bibliothèque. Le sol en tomettes, les murs passés à la chaux enduits d'un badigeon et les rideaux en lin apportent une certaine authenticité à ce lieu cosy.

2 - Sérénité et détente sont au programme dans ce salon à la japonaise.

Considérée comme un véritable art de vivre, la décoration doit être synonyme d'harmonie : des lignes pures et géométriques, des matières naturelles comme le bois, le bambou, la pierre ou encore le papier sont à l'honneur. À l'heure du thé, on vit au ras du sol, installé sur des coussins, avec en toile de fond un panneau de soie détourné en portière et un panneau décoratif ancien du XIXe siècle. Véritable parterre décoratif, le jardin minéral est composé de galets et de pavés de granit posés sur un tissu, encadrés de troncs de bambou.

Architecte DPLG Bernard Jeannel (Zen concept).

Photo Olivier Hallot

2

Les salons

1 - Le salon situé sous les toits procure une sensation d'espace. La grande bibliothèque réalisée sur mesure a permis un gain de place considérable. Le canapé sobrement habillé de blanc fait face à cette étonnante table basse, pièce unique signée Pucci de Rossi.

2 - Dans cet intérieur, cultures, styles et époques différentes s'associent à la perfection. Les murs travaillés à la chaux brossée affichent des couleurs douces et chaudes, comme le sable et le gris fusain et servent d'écrin au mobilier. La décoration est éclectique et audacieuse : les rideaux patchwork rassemblent des tissus d'horizons différents, la lampe est Napoléon III, la lanterne est marocaine, le guéridon est africain, mais le résultat est probant !

Photo Marc Boyer. Tableaux et décoration Hervé Cluson.

Les salons

1 - Une impression d'intérieur extérieur découle de ce salon ouvert sur un toit en verrière. Le blanc, fil conducteur, habille murs et sol en béton. Le mélange des styles crée une ambiance conviviale. La table basse signée Saarinen pour Knoll est entourée de sièges des années 60 et d'éléments de décoration issus de diverses cultures : poufs marocains en cuir, coussins indiens, candélabre à bobèches en verre de couleur, à l'esprit baroque, s'associent dans une parfaite harmonie.

2 - Dans ce décor contemporain au graphisme affirmé, un jeu d'aplats de couleurs rythme l'espace. L'ouverture réalisée dans le mur sépare le salon de la cuisine, créant ainsi un effet de perspective. Les aplats rose magenta et violet tempèrent l'éclat du rouge. Cette décoration dynamique réchauffe le sol parqueté de hêtre verni mat et le canapé aux tons neutres signé Le Corbusier. Architecte Geert Maes.

Les salons

1 - Sur une base simple, murs blancs et parquet de bois clair, le mobilier prend toute sa dimension ; le canapé habillé de velours orange éclatant est complété d'un tapis moderne choisi dans la même gamme de couleurs et de poufs jaune vif signés Philippe Starck.
Etonnante, la table basse a été façonnée dans une bille de bois de zébrano, posée sur des caissons en acajou (Raymond Piriou ébéniste).

2 - Psychédélique, le salon aux allures « seventies » fait sensation. Modulables, les différents éléments (méridienne, fauteuil, pouf XXL, bâtard) habillés de laine, font et défont le décor. Création Vladimir Kagan.

Photo Christian Larit

2

Les salons

1 - Le métissage des styles est de mise dans ce salon chaleureux et raffiné. Un gong rapporté d'Indonésie sépare le salon de l'entrée. Le canapé d'angle et les tables basses d'inspiration asiatique plantent le décor. Le sol en résine époxy est réveillé par un Kilim aux couleurs harmonieuses.

2 - Ambiance végétale dans ce salon aux allures de jardin d'hiver. Teintés d'exotisme, de grands fauteuils en bananier tressé occupent l'espace. Une malle ancienne a pris les fonctions d'une table basse. Le mur a été décoré de sous-verre consacrés à la flore de la région, réalisés avec du papier couleur tabac : une évocation des planches botaniques du XIXe siècle.

Photo Olivier Hallot

Les salons

1 - La table basse et les chauffeuses signées Christian Biecher, affichent un design épuré, dans le salon de ce loft. Elles sont mises en scène dans un espace intime, créé par les deux panneaux de la cloison mobile, qui se déplacent indépendamment. Petit détail high-tech : l'un des deux panneaux intègre un écran plat de télévision.

2 - Inventive, la décoration actuelle associe esthétisme, fonctionnalité et confort. Dans ce salon, le canapé (design Massimo Morozzi) se compose d'une structure en forme de U et d'un pouf carré. Multifonctionnel, ce dernier se transforme à volonté en table basse ou en méridienne, lorsqu'il est accolé au canapé et additionné de son coussin.

Photo Julien Clapot. Tableau Estelle Contamin.

2

Photo Charly Erwin

Les salons

1 - Blancheur immaculée dans ce salon, qui a trouvé sa place sur le site d'anciennes chambres de service. L'imposante charpente en bois a été patinée de blanc pour mieux se fondre dans le décor. Le mobilier joue la carte du confort : de profonds canapés sont disposés autour de la table basse simplement recouverte d'un tissu. Source de convivialité incontournable, la cheminée au graphisme épuré souligne la beauté architecturale de la pièce. Elle est encastrée dans le pan de mur contenant les différents conduits de l'immeuble.
Architecte DPLG, Alain Jouan.

2 - Largement ouvert sur l'extérieur, ce salon contemporain associe minimalisme, couleurs et fonctionnalité. Le mobilier au volume peu imposant permet d'optimiser la notion d'espace. Le canapé modulable de Francesco Binfaré invite à la détente. Il est associé à un petit guéridon de Jasper Morisson pour Alessi et à une table basse au plateau de verre (création Design by O). De simples étagères accueillent affiches et dessins et le buffet bas en métal occupe discrètement tout un pan de mur.
Architectes DPLG, Eric Wuilmot et Sophie Chenevoy.

Les salons

1 - Atmosphère sereine dans ce salon où le blanc règne en maître. Seules quelques touches de vert anis viennent rehausser l'ensemble. Le fauteuil des années 50 de Pierre Paulin dévoile sa structure légère en acier chromé, significative de l'époque et s'associe à une table basse et à un canapé modulable de Christian Ghion.
Conception Aldric Beckmann et Françoise N'Thépé, architectes pour Vivre c'est habiter.

2 - Dans cet ancien local industriel, le salon totalement ouvert se démarque de la salle à manger par un sol en ardoise. Ici la décoration est sobre et épurée et le mobilier contemporain de faible encombrement. Pièce maîtresse, la cheminée blanche, qui occupe tout un pan de mur intègre des niches et s'associe, dans un contraste du plus bel effet à une étagère linéaire ainsi qu'à une longue bibliothèque de couleur noire.
Architecte d'intérieur Philippe Demougeot.

Photo Bernard Ladoux

2

Photo Ivan Lainville

Photo Christophe Rouffio

Les salles
à manger

1 - Ambiance maison de vacances dans cette salle à manger aux murs enduits de chaux et au sol en béton lavé. La longue table conçue sur mesure, a été façonnée dans un tronc de pin laricio. Montée sur de simples pieds droits, elle affiche une modernité toute personnelle. Architecte Andrew Corpe.

2 - Sous cette impressionnante charpente inspirée des cabanes de pêcheurs du bassin d'Arcachon, la table impose sa structure géométrique. Deux piétements en forme de X et six pieds soutiennent le plateau biseauté patiné façon ardoise. Les chaises « bistrot » aux courbes harmonieuses contrastent efficacement avec ces lignes droites et pures. Réalisation entreprise Briffeuille. Architecte Guy Allemand.

Les salles
à manger

1 - Une simple table chinée en brocante est devenue l'élément phare de la pièce. Entourée de chaises provençales, elle a d'abord été patinée dans un ton vert amande, puis décorée d'une frise de rameaux d'olivier. La console XVIIIᵉ siècle, le sol en pierre de Lacoste et les cabochons de marbre du Languedoc parachèvent ce décor ensoleillé. Conception et réalisation Bernard Py.

2 - Récupéré dans un ancien hôtel particulier d'Angers, capitale de l'ardoise, ce plateau massif prend appui sur un piétement en chêne. Au sol, des chemins d'ardoise s'inscrivent dans un calepinage de terre cuite naturelle, apportant ainsi une touche géométrique au lieu.

3 - La beauté singulière du sol en dalles d'ardoise de Carhaix rehausse le caractère de charme du mobilier patiné. Le piétement de la table de bistrot a été peint en gris bleu et le plateau en chêne a été décapé. Associée à des chaises anciennes dépareillées, elle s'impose magistralement au centre de la pièce.

3

1 - Caractère authentique pour cette salle à manger, qui affiche les murs de pierre et les solives apparentes. L'imposante table de ferme se marie sans heurt à la série de chaises artisanales rapportées d'un voyage en Afrique. Architecte EPSL Jean-Claude Leclef. Architecte d'intérieur Christian Weltz.

2 - Dans cette ancienne école, la salle à manger s'apparente à un réfectoire. L'ancienne table de vendangeur est revêtue d'un plateau en zinc. Fonctionnel, il a pour intérêt principal d'être peu fragile et de se patiner joliment au fil du temps.

3 - Remises à nu, les poutres simplement décapées et scellées dans les murets, marquent la séparation entre la cuisine et la salle à manger. Sur un sol en tomettes, la table et ses bancs en teck affichent la rigueur de leur ligne adoucie par la matière confortable des coussins matelassés. Peintre décoratrice Désirée Laurenceau-Engelen.

Photo Olivier Hallot

Photo Olivier Hallot

Les salles
à manger

Les salles
à manger

Photo Patrice Binet

Photo Patrice Binet

1 - Dans cet appartement contemporain, volontairement épurée, la salle à manger est réchauffée par les coffrages en sycomore, qui font écho à la table au plateau de chêne clair (Zanotta). Les fauteuils en rotin tressé, à la structure en bois associent modernité et confort (design Vico Magistretti pour De Padova). Conception et décoration Christian Biecher.

2 - Dans cet appartement de style au parquet en point de Hongrie, le mobilier typique des années 50 s'intègre à souhait. La table et les chaises « Tulipe » signées Eero Saarinen pour Knoll démontrent leur intemporalité. Réalisé en plastique moulé sur un pied unique en fonte d'aluminium recouvert, ce mobilier élégant réinvestit les intérieurs actuels.

3 - Des murs immaculés, un escalier d'une grande épure, un sol parqueté dynamisé par un tapis orange et le décor est planté autour de la table ! Son imposante structure en palissandre est allégée par la ligne aérienne des sièges au treillis métallique datant des années 50. Architecte DPLG Michel Croisé.

3

1

Photo Frédéric-Léon Ducout. Reproduction d'une peinture de Richard Caldicott.

Les salles
à manger

1 - Esprit vitaminé pour ce coin repas où les couleurs toniques viennent ponctuer l'espace sous forme de touches (pans de mur, mobilier…). La table en aluminium fait écho au mur contre lequel elle vient s'adosser, alors que les chaises s'harmonisent au soubassement de la cage d'escalier.
Architecte DPLG Didier Gettliffe.

2 - La salle à manger inspirée par les années 60 est délimitée du salon par une cloison coupée de couleur chocolat. La décoration de la pièce privilégie les tonalités de bois clair additionnées d'un rouge tonique. Meublé de rééditions, ce coin repas dispose d'une table au plateau de verre monté sur un piétement en chêne clair coordonnée à un buffet bas.

3 - Lignes pures et symétrie parfaite pour cette table et ses bancs en bois massif. Cette salle à manger réduite à l'essentiel est mise en valeur par les murs enduits de plâtre en poudre de pierre pigmentée sur un sol revêtu de résine époxy et quartz. Architecte d'intérieur Hervé Dubus.

Photo Olivier Hallot

Les salles à manger

Photo Olivier Hallot

1 - Travaillée à la manière d'une sculpture par le designer Xavier Lust, cette table élégante et solide, réalisée en métal laqué et verre émaillé prend appui sur des pieds, qui se déforment sans rupture. Soumis à une légère torsion, ils passent subtilement du carré au triangle.

2 - Moderne le verre permet d'alléger les volumes et d'optimiser les perspectives. Cette table aux angles arrondis, se compose d'un plateau en verre trempé, d'une épaisseur d'un centimètre. Elle repose sur un piétement en acier revêtu de cuir noir auquel les chaises viennent s'assortir.

3 - Contemporaine, cette table en zinc est un modèle d'épure. Appliqué sur un support en bois, le zinc est plié et soudé au niveau de la jonction des pieds. Patiné, il arbore un effet satiné, qui atténue la brillance et le rend plus facile à entretenir. Les chaises à dossier haut habillées d'un rouge flamboyant contribuent à la beauté du décor.

Photo Bernard Ladoux

1

Photo Bernard Ladoux

1 - Cloisonnée par de magnifiques portes coulissantes grilla-gées en acier tressé, la salle à manger s'organise autour d'une table monumentale en hêtre clair sur pieds métalliques. Les chaises bayadères complètent l'ensemble en apportant une touche de tonicité. Conception et réalisation Gérard Faivre.

2 - Le designer Dominique Mathieu réunit ici le minimalisme du verre allié à l'opulence de l'esprit baroque, à l'image de ces pieds en bois tourné laqué rouge. Les chaises en polycarbo-nate de style Louis XVI, signées Philippe Starck complètent cette insolite association.

3 - Le métissage des styles est à l'honneur, la symétrie est par-faite et les couleurs empreintes de douceur. Dans cette pièce, antiquités, art moderne et créations de designers font bon ménage. Installée face à une ancienne cheminée prussienne en faïence, la table blanche réalisée sur mesure est entourée des incontournables chaises « Fourmi » d'Arne Jacobsen.

Photo Christophe Rouffio. Tableau Christian Sorg.

Le mobilier

La création mobilière est entrée dans sa phase industrielle dans les années 60. C'est en 1964 que Terence Conran offre un véritable style de vie à ses clients en ouvrant le premier magasin Habitat à Londres. Inspiré par ce nouveau concept, Prisunic propose alors à sa clientèle des meubles de qualité, modernes et surtout accessibles. Petit à petit, les enseignes de décoration et les grands magasins font appel au savoir-faire et à la créativité des designers et des décorateurs. Ce phénomène qui subsiste encore aujourd'hui permet au plus grand nombre d'accéder à un mobilier esthétique, dans l'air du temps.

Les chaises doivent rassembler un certain nombre de critères ; hauteur, confort et solidité. Généralement constituées d'une structure en bois massif ou contreplaqué, elles sont aussi en métal, aluminium ou en tubes d'acier chromé. L'assise laisse plus de liberté. Dure ou molle, revêtue de matières synthétiques ou naturelles, à vous de choisir celle qui correspond le plus à vos attentes. Les matériaux de synthèse, très courus à la fin des années 60 refont surface et offrent des modèles légers, d'une plus grande mobilité. L'inspiration stylistique des 30 dernières années remet au goût du jour, les modèles empilables et les couleurs toniques.
Dans un autre genre, les matières naturelles et authentiques se marient au design contemporain : les chaises s'habillent de lin ou de cuir et les tables imposent leur bois massif, dans des lignes sobres et minimalistes. Mais si vous êtes amateur de fantaisie et nostalgique d'un temps plus ancien, vous pouvez vous laisser tenter par les chaises médaillons revisitées, qui s'affichent désormais revêtues de vinyle ou de tissus aux couleurs « flashy » ou encore craquer pour ces bergères tapissées de PVC imprimé de photos insolites.

Indissociables des canapés, les tables basses demeurent un achat incontournable. Au ras du sol, en longueur, seules ou par deux, voire trois, carrées, rectangulaires ou rondes, elles apportent leur touche de convivialité.

Le salon, pièce de réception est aussi synonyme de détente. Les sièges relax sont de retour. Esthétiques et confortables, ils affichent désormais un design contemporain et deviennent par conséquent de beaux éléments de décoration.

Dans cette quête de bien-être, les méridiennes font également leur « come back ». A ce propos, connaissez-vous l'origine de ce mot ? une méridienne est, en fait, la sieste que l'on s'accorde dans les pays méditerranéens après le déjeuner. Ce mobilier, comme son nom l'indique invite à la détente. À la différence du canapé, sur lequel on s'asseoit, la méridienne est une sorte de lit de repos sur lequel on s'allonge, pour lire ou écouter de la musique. Mais compte tenu de la diversité des modèles proposés, rien ne vous empêche de positionner deux méridiennes identiques en face à face pour vous constituer un salon cosy ou de considérer celle-ci comme étant un petit canapé. Le compromis est intéressant, surtout lorsque l'on dispose d'une petite surface.

Les consoles font salon et s'inscrivent parfaitement dans tout style de décoration. Elles permettent d'occuper un pan de mur de façon légère et représentent un support esthétique pour mettre en valeur bibelots, sculptures ou objets lumineux.

Photo Christian Larit

2

Les tables basses

1 - Pourvue de deux plateaux asymétriques reliés par un panneau et soutenus par un tube d'acier, la table en wengé d'allure contemporaine s'adapte pour se placer également en bout de canapé.

2 - Quatre petites tables ou deux tables ou encore une seule table, ces quatre éléments s'assemblent les uns aux autres comme un puzzle. Les plateaux et les côtés sont recouverts de bambou déroulé plaqué, et sont posés sur une structure en teck massif.

3 - Créées par Peter Maly, ces tables basses montées sur une structure en tube d'acier laqué et verni s'équipent d'un épais plateau ouvert sur deux côtés où revues et autres objets trouvent discrètement leur place.

Photo Christian Larit

3

Les tables
basses

Photo Christian Larit

1 - Une ligne pure et un design minimaliste caractérisent cette table en feuille d'aluminium anodisée naturelle courbée et pliée, dessinée par Xavier Lust.

2 - Posé sur une structure en Inox, l'épais plateau en wengé s'harmonise aux tons naturels et chaleureux du salon. Création Yossé Haddad.

Les tables
basses

2

3

1 - Brillance et couleur donnent le ton à cette table aux dimensions imposantes. Interchangeables, les trois éléments en bois laqué, qui la composent, cachent des rangements pratiques sous leurs structures. Création Stéphane Poux.

2 - Jeu d'astuce pour les deux tables basses d'Arik Lévy. Grâce aux différentes hauteurs de pieds, les plateaux en alvéolé, finition laquée, se superposent pour former une table actuelle et colorée.

3 - Réchauffée par les touches rouge orangé des différents éléments de décoration, la table basse conçue par Stéphane Ghestem affiche un piétement étagé en palissandre et s'orne d'un long plateau en ardoise.

1 - Pratique et astucieuse, la table basse de Gae Aulenti, composée d'un plateau de verre fixé sur des roulettes à pneumatiques, se déplace sans effort au gré des besoins.

2 - Modulable, cette table basse en wengé se compose d'un banc et d'une sellette associée à un plateau coulissant. Pratique, sa longueur (1 m 80) permet de desservir aisément les places assises des canapés de grande taille.

3 - Avec son plateau en verre émaillé blanc et sa structure en métal chromé, la table basse - signée Pascal Mourgue - affiche des lignes pures parfaitement intégrées au décor sobre de la pièce.

Photo Virginie Villemin

Les tables basses

Photo Christian Larit

Photo Alexandre Réty

Les méridiennes

1 - Sur un piétement en hêtre massif posé au ras du sol, la méridienne très seventies se compose de deux coussins accompagnés d'un dossier en plumes. Astucieux, l'extrémité de la banquette s'utilise comme plage d'appoint.

2 - Couleur bleu jean pour cette méridienne à la structure en bois rehaussée d'une assise matelassée habillée de coton. Un modèle confortable et contemporain.

3 - Facilement transformable en lit d'appoint grâce à la configuration de ses accotoirs, cette méridienne opte pour un revêtement en lin sauvage naturel.

Photo Alexandre Réty

Les méridiennes

1 - Lignes strictes mais élégantes, ce modèle en hêtre s'agrémente d'accotoirs larges et plats qui permettent de garder livres et boissons à portée de main.

2 - Classique et élégante, cette méridienne affiche ses courbes féminines et invite à la détente. Sa structure en bois et panneaux de particules est habillée d'un tissu tonique, qui apporte une touche de bonne humeur dans le salon.

3 - Toute de cuir vêtue, cette méridienne en bois, campée sur un piétement en aluminium et Plexiglas, offre le luxe d'une détente en duo sur une assise matelassée, en plumes d'oie.

1

Les sièges

Photo Charly Erwin

1 - Intemporel, le fauteuil Marcel Breuer de 1929, revient en force et habille sa structure en acier tubulaire de peau de vache bicolore pour s'adapter aux ambiances d'aujourd'hui.

2 - Créée à partir d'une structure en acier chromé brillant, cette chauffeuse imaginée par Patricia Urquiola, présente sous des lignes simples et épurées, une assise large et confortable.

3 - Pratique, ce fauteuil en hêtre teinté est équipé de pieds avants montés sur roulettes pour se déplacer aisément dans le salon et d'un dossier ergonomique pour un plus grand confort.

Photo Charly Erwin

Les sièges

Photo Charly Erwin

Photo Charly Erwin

1 - Sous le cuir pleine peau teinté rouge qui recouvre l'ensemble de ce fauteuil glamour, se cache une structure en hêtre massif, ajustée par des tenons et des mortaises, à la manière des assemblages d'autrefois.

2 - Retour aux années 60 grâce à cette réédition du fauteuil pivotant de Pierre Paulin, monté sur une base et un piétement en aluminium poli.

3 - Ce fauteuil relax, teinté dans la masse, s'approprie les matériaux composites utilisés dans l'industrie marine. Résistant aux chocs et à l'usure du temps, sa forme ergonomique garantit bien-être et confort. Petit détail : insensible aux intempéries, il pourra même s'afficher dans le jardin ou sur la terrasse !

Les sièges

1 - D'influence exotique et de forme originale, ce siège extra large créé par Marc Newson est constitué de 24 lattes de bois entrecroisées et courbées à la vapeur.

2 - Elégants et racés, les fauteuils d'Hilton McConnico, sont fabriqués dans du bété (bois d'Afrique au grain fin) et s'ornent d'un décor en isombé et ébéne.

3 - Dans un environnement dépouillé de verre et de bois, la paire de fauteuils en acier et cuir, signés Janette Laverrière, symbolisent les nouvelles formes pures et la légèreté du mobilier des années 50. Galerie Jacques Lacoste.

Photo Charly Erwin

Photo Patrick Smith. © Adagp, Paris 2006.

Les sièges

1 - Etonnant et amusant, ce fauteuil et son repose-pieds se composent d'une structure tubulaire en acier chromé où des rouleaux matelassés, recouverts de cuir servent de dossier et d'assise. Design Reinaldo Leiro. Photo murale Isabelle Rozenbaum – galerie Claude Samuel - Paris.

2 - Eloge de la paresse, ce fauteuil à piétement rotatif en acier chromé, agrémenté d'un repose-pieds, invite à la détente. Sa coque d'assise et son dossier en contreplaqué moulé sont habillés sur les deux faces d'une matelassure en Bultex pour un confort extrême.

1

Les consoles

1 - Touche exotique pour cette console re-couverte de peau de crocodile. Sa struc-ture est en laiton patiné et s'agrémente d'une étagère basse en verre. Pastel de Georges Abel Chalon, 1947.

2 - Sophistiquée, cette console se pare d'une structure, aux pieds légèrement re-courbés, en acajou. Ses tiroirs munis de boutons en métal teinté ivoire et ses côtés sont marquetés de loupe de madrona.

Photo Christophe Rouffio

2

Les consoles

Photo Philippe Louzon

1 - Stricte mais élégante, cette console contemporaine se compose d'un piétement en multiplis plaqué chêne et teinté wengé, associé à un plateau en verre collé transparent.

2 - Équipée d'une étagère basse et de rangements pratiques, cette console a été réalisée en orme d'Orient. Plusieurs couches de laque rouge, appliquées à la main, lui ont donné cet aspect lisse et brillant, d'une grande douceur au toucher.

2

Bancs et banquettes

1 - En chêne teinté palissandre et coussins de cuir, le banc d'Edouard Rambaud, séduit par son jeu de lignes original.

2 - Venue des Indes, cette banquette basse en mélèze très finement ciselé, prête au lieu une ambiance venue d'ailleurs et invite à la découverte de pays lointains.

Photo Charly Erwin

2

Bancs et banquettes

1 - Proportions et rigueur contemporaines pour ce modèle fonctionnel, monté sur une armature en acier.

2 - Réalisé à partir d'une structure en acier recouverte d'une ouate de polyester, le banc aux lignes douces et à la couleur flamboyante dispose d'une assise en mousse de polyuréthane, non déformable. Design Roberto Romanello.

Photo Charly Erwin

Les rangements

On ne range pas de la même façon, livres, bibelots, vaisselle et toutes les petites babioles que l'on garde précieusement. Certains éléments se cachent alors que d'autres méritent d'être mis en valeur.

Si la bibliothèque est nécessaire par souci de rangement, elle n'en est pas moins un élément décoratif d'envergure. Son caractère graphique affiche une géométrie parfaite, qui peut être accentué par des jeux de couleur ou des effets de matières. Réalisée sur mesure, elle s'adapte à tous les cas de figures. Horizontale, elle habille un pan de mur, verticale, elle s'étire jusqu'au plafond, en angle, elle occupe astucieusement l'espace, fixée au-dessus du sol, elle allège les volumes, en encadrement, elle entoure porte et cheminée. À moins que vous n'optiez pour une bibliothèque encastrée dans le mur, qui a, bien souvent, pour principal avantage de cacher un ancien conduit de cheminée disgracieux ou une chute d'eau.
Si le bois demeure le matériau n° 1, les bibliothèques maçonnées en béton, plâtre ou béton cellulaire moins onéreux que le bois font de plus en plus d'émules. De plus, ce type de construction est réalisable par tout bon bricoleur. Mais si vous préférez le mobilier « nomade », rien ne vous empêche de courir les boutiques ou les galeries, pour dénicher la pièce rare, ou en tout cas, le modèle le plus adapté à vos goûts et à vos finances, que vous pourrez emporter dans vos malles lorsque vous déménagerez.

Petites sœurs des bibliothèques, les étagères habillent subtilement les pans de mur et occupent l'espace de manière aérienne. Elles servent de faire-valoir à nos objets fétiches et peuvent se moduler et se combiner à l'envi. Simplement linéaires, elles affichent la couleur, en forme, elles s'imposent dans des bois raffinés, originales, elles sont en métal laqué et se montent comme un jeu de construction.

Les buffets font un retour en force. Inspirés par les années 50/60 ou délibérément tournés vers le futur, ils s'autorisent des formats XXL, dépourvus de pieds, ils se suspendent ou affichent des portes sur leurs deux façades. Ils sont laqués, colorés, métalliques et s'ils sont anciens, ils sont revisités pour mieux s'adapter aux intérieurs actuels.

Les meubles de métier séduisent toujours autant. Détournés de leur fonction initiale les meubles de drapier, de mercier, de lunetier constituent des éléments de rangement originaux, non dénués de charme. Ils trouvent une place de choix dans les lieux industriels reconvertis en habitations et peuvent devenir des séparations originales dans une grande pièce à vivre réunissant différentes activités.

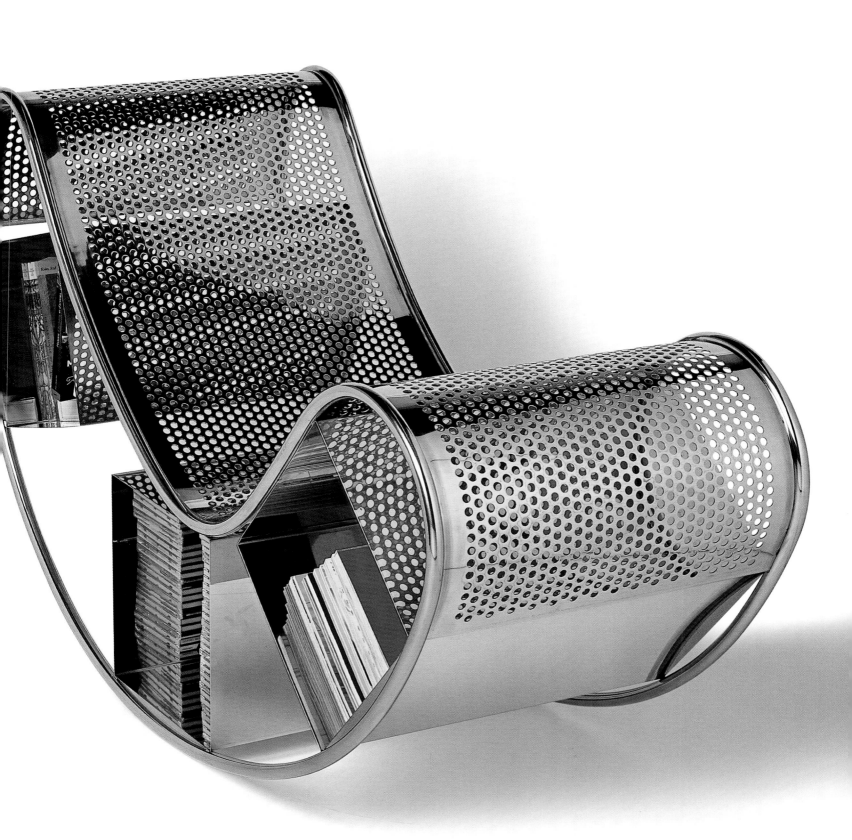

Les bibliothèques

1 - Imposante la bibliothèque maçonnée occupe l'emplacement d'anciennes fenêtres orientées nord. Devenue la pièce maîtresse du salon, elle affiche sa façade peinte dans un vert doux et lumineux, provoquant un contraste du plus bel effet avec les niches laissées blanches.
Décoratrice Sophie Debuisson.

2 - Cette bibliothèque créée en 1952 par Charlotte Perriand pour la Maison du Mexique à la Cité Universitaire de Paris, demeure d'un classicisme indémodable. Elle est composée de piétements et tablettes en pin. Ses casiers sont en tôle pliée et laquée et les portes coulissantes sont en aluminium laqué. (Éléments métalliques, Atelier Prouvé à Nancy).

Photo Christophe Rouffio

Photo Bernard Ladoux. © Adagp, Paris 2006.

Les bibliothèques

Photo Christophe Rouffio

Photo Bernard Ladoux

1 - Un modèle original ! Les dalles modulables en béton servent de support aux plateaux qui viennent s'y encastrer. Les chaises « Interface » s'associent à un tabouret détourné en table basse. Conception et réalisation Matali Crasset pour l'hôtel Hi à Nice.

2 - Celle-ci occupe le mur principal du salon. Conçue de manière architecturale, elle affiche sa présence discrète et élégante, malgré son imposante structure. Elle a été fabriquée à partir d'érable canadien à l'aspect naturel, sur un mur enduit à la chaux, couleur sable.
Conception Albert Constantin. Réalisation Frédéric Volpon.

3 - Cette bibliothèque réalisée en bois massif est recouverte d'une feuille de zinc patiné. Astucieux, les panneaux coulissent et se superposent. Selon l'humeur, le mur devient tour à tour bibliothèque ou cimaise.

Les étagères

1 - Ici pas de place perdue ! Les éléments de rangement s'inscrivent dans la structure même du palier en béton menant à l'étage supérieur. Fonctionnels et esthétiques, ils s'imposent de manière architecturale, dans cet univers contemporain.
Conception Francesco Passaniti.

2 - Cette étagère aux allures de totem présente des formes et des couleurs détonantes. Réalisée en bois et stratifié de plastique, elle doit son design tout particulier à Ettoré Sottsass. Créée en 1981, dans le cadre du regroupement de décorateurs appelé Memphis ; elle fait partie d'une collection de mobilier, qui, à l'époque, a soulevé moult contestations dans le milieu de la décoration (cabinet Carlton pour Memphis, 1981).

Photo Charly Erwin

2

Les étagères

1 - A la manière d'un jeu d'enfant, les caissons de rangement en acier laqué, de tailles et de couleurs différentes, s'assemblent pour former cette étonnante construction.

2 - Une conception originale qui permet d'occuper l'angle du mur. Sa structure aérienne allège les volumes et permet de libérer de l'espace. Conçue en placage de chêne massif, elle intègre avec élégance la chaîne hi-fi. et se combine à une seconde étagère, qui épouse les mêmes formes, Un effet de style garanti !
Conception et réalisation Jean-Claude Perucca.

3 - Sobre et élégant, ce système d'étagères architecturé au design aérien, typique des années 50, sépare la pièce de la montée de l'escalier. Baignées par la lumière diffusée par les grandes baies vitrées, elles dévoilent leur chaleureuse teinte acajou.

1

Les étagères

2

3

1 - Cette étagère en acrylique, à l'effet « banquise » et au look futuriste, se fixe discrètement sur le mur ; de faible encombrement, elle trouve aisément sa place dans un petit espace.

2 - Simples mais efficaces, ces étagères en aluminium disposent d'un système d'éclairage, qui permet de mettre en valeur les objets auxquels on tient tout particulièrement.

3 - Ces deux modules à la finition wengé laissent libre cours à l'imagination. Ils se combinent à l'envi pour prendre la forme que l'on souhaite leur donner.

Les buffets

Photo Bernard Ladoux

1

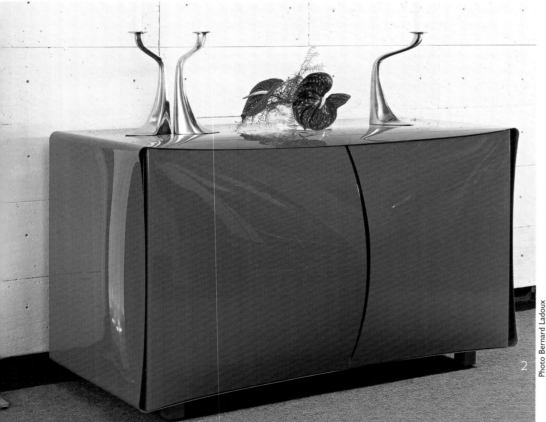

Photo Bernard Ladoux

2

1 - Ce modèle créé en 1981 par Christian Biecher est réalisé en bois laqué. Ses portes souples et courbes en feuilles de polypropylène à l'effet translucide se ferment à l'aide de baguettes aimantées. Disposant de portes sur ses deux façades, ce buffet autorise divers agencements : contre une paroi ou encore en élément central.
Buffet « Trans » édité par Mouvements Modernes.

2 - Ce buffet à deux portes signé Xavier Lust affiche une façade et des côtés galbés. Cette véritable œuvre d'art a été réalisée à partie de feuilles d'aluminium, travaillées, mises en forme puis laquées.

3 - Suspendu au mur, ce modèle contemporain libère la place au sol. Réalisé en bois laqué rouge, il se marie à une étagère murale.

3

Photo Patrice Binet

Les buffets

1 - Cet ancien meuble de chaudronnerie, à quatre portes, a retrouvé une seconde vie après avoir été restauré, décapé et patiné. Réalisation Bernard Mouiren.

2 - Assorti d'une partie haute en vitrine, ce long buffet au goût d'autrefois a été réalisé sur mesure. Patiné, il a ensuite été recouvert d'un verni ciré, lui conférant un aspect plus naturel.

3 - Ce modèle classique chiné aux Puces, dispose d'un plateau en marbre. Revisité pour mieux s'intégrer aux intérieurs d'aujourd'hui, il a été complété de boutons et d'anneaux métalliques.

Photo Patrick Burban

Les meubles de métier

1 - Ce véritable meuble de lunetier occupe l'espace de façon magistrale. Composé d'éléments vitrés et de placards fermés, il est équipé de charnières en ferronnerie et dévoile la beauté authentique de son bois ciré.

2 - Ce meuble de mercerie et ses tiroirs extra-plats a pris des allures de commode. Il officie désormais au milieu de la pièce et sépare de manière originale, le salon de la salle à manger.

Photo Olivier Hallot

2

Les meubles de métier

1 - Le meuble de mercerie datant de la fin du XIXe siècle nous plonge dans l'univers des boutiquiers de l'époque. Avec ses 60 petits tiroirs et son buffet fermé par des portes coulissantes, il autorise un rangement sans nul doute très organisé !

2 - L'ancien comptoir de drapier dispose de multiples rangements. Ce type de mobilier s'inscrit à la perfection dans cet intérieur à l'esprit atelier. Judicieusement intégré dans le soubassement de la cloison vitrée, il semble faire partie des lieux depuis toujours.

N°1   N°2   N°3   N°4

N°5   N°6   N°7   N°8

N°9   N°10   N°11   N°12

N°13   N°14   N°15   N°16

1

Les meubles de métier

1 - Raffiné, ce meuble s'inspire du mobilier de réception d'hôtel avec ses nombreux casiers numérotés destinés au courrier des clients. Revisité, il accueille des boîtes de rangement, évitant toute trace de désordre intempestif.

2 - Inspiré par les anciens meubles d'épicier, cet imposant placard patiné a été réalisé sur mesure. Des petits rideaux en voile bicolore habillent les portes vitrées ou grillagées. Astucieux, les placards du bas s'ouvrent comme des pupitres et les tirettes placées au-dessus facilitent le rangement. Ultime détail : une échelle fixée sur un rail permet d'accéder aux éléments en hauteur.
Réalisation Le Grenier de la Chapelle.

Photo Christian Larit

2

Idées en plus

Idées lumineuses

Le luminaire contemporain connaît depuis quelques années, un développement en phase avec son époque. Les créations audacieuses prolifèrent et deviennent de véritables accessoires de décoration.

Le choix des luminaires est une démarche extrêmement personnelle. Il s'effectue en fonction de vos besoins, de vos habitudes de vie et, bien entendu, en fonction de vos goûts. Cependant, on n'éclaire pas de la même façon une chambre, une cuisine ou un salon. Dans le cas du salon, qui est souvent la pièce au volume le plus imposant, il est important de penser l'éclairage en terme d'ambiance. Un éclairage réussi permet de révéler les atouts d'un volume, d'atténuer ou d'accentuer une hauteur et de valoriser les objets. Cette pièce de réception et de détente, souvent décorée de bibelots, tableaux et autres éléments décoratifs implique des contraintes esthétiques, c'est pourquoi, il est préférable de privilégier les sources de lumière multiples et d'opter pour des effets lumineux, vous garantissant ainsi une mise en scène personnalisée en fonction des différents pôles d'activités regroupés dans cette même pièce.

Toutes les nouvelles créations lumineuses proposées sur le marché sont propices à une mise en scène réussie. Réinventés, abat-jour, appliques, lampadaires et autres lampes à poser s'affichent dans des formes et des matériaux novateurs. Véritables sculptures, les lustres dégoulinent de perles de cristal, les guirlandes lumineuses ondulent, les fils de cuivre et les plumes s'enchevêtrent dans une parfaite élégance, les abat-jour s'habillent de toile métallique ou ajourée, des cubes lumineux en latex égrènent les lettres de l'alphabet, les pastilles de nacre en cascade dévoilent une subtile et douce clarté. Grâce à cette créativité débordante, le luminaire devient un objet décoratif à part entière, et même si la lumière qu'ils dispensent peut s'avérer gratuite, l'effet est garanti.

Idées chaleureuses

Les premières cheminées disposées à l'intérieur et faisant corps avec la construction sont apparues au XIIe siècle et sont restées pendant des centaines d'années l'unique moyen de chauffage pour l'habitat. La nostalgie des flambées d'autrefois demeurant, les fabricants rivalisent de créativité, n'hésitant pas à faire appel aux designers pour créer des modèles hors du commun.

La cheminée s'autorise des implantations pleines de fantaisie. Centrale, elle devient le pôle d'attraction et diffuse sa chaleur de toute part. Souvent réalisée à partir de fonte ou d'acier, elle prend des formes étonnantes, se suspend, s'équipe d'un conduit télescopique, permettant ainsi de relever la hotte selon les besoins. Les cheminées adossées, certes plus classiques, jouent la carte du contemporain. Véritables éléments d'architecture, elles présentent des lignes pures, des angles droits, le foyer s'encastre, le manteau accueille des niches de rangement. Elles s'entourent d'étagères, s'intègrent dans une bibliothèque ou bien trônent magistralement devant une baie vitrée. Souvent maçonnées, ces cheminées « nouvelle génération » sont en béton. Très apprécié ce matériau permet les effets décoratifs. Il se pigmente, se cire ou se vernit. Le plâtre, également très usité, peut offrir une surface tout en nuances, si, par exemple, vous le badigeonnez à la chaux, mais attention, le plâtre ne peut être utilisé qu'en habillage.

1

Photo Charly Erwin

Les idées
lumineuses

1 - Une lumière douce et chaleureuse diffusée par trois ampoules à filaments apparents, un abat-jour en toile métallique et un bras pivotant, c'est là toute l'originalité de ce luminaire mobile, crée par Jean-Pierre Barbance, architecte d'intérieur.

2 - Aérien et inédit, ce lustre est formé de fils de cuivre et de plumes de flèches d'archers. Création Anne-Marie Arbefeuille.

3 - Pour les amateurs de scrabble ! Cet ensemble de cubes lumineux en latex, monté sur une structure légère en acier, présente sur chaque cube un lettrage placé entre les couches de latex, permettant ainsi de composer certains mots. Conception Francesco Passaniti.

Photo Olivier Hallot

Photo Patrice Binet. Tableau Das Casa.

Photo Hugues Lagarde

2

1 - Original et audacieux, ce lustre en métal dessiné par Brand Van Egmond, se compose de brindilles de nickel et de cristal Swarovski qui s'entremêlent dans une œuvre artistique, ouvragée à la main.

2 - Insolite, un film miroir, semi-transparent, habille un lustre à pampilles éclairé par des ampoules bougies. Création Jurgen Bey.

3 - Ce lustre inattendu déploie, en courbes élégantes, une cascade scintillante de perles de cristal, qui illuminent et mettent en valeur, ici, l'escalier en bois.

3

Les idées
lumineuses

1 - Les fines lamelles d'aluminium brossé de ce lampadaire en forme de coquillage est un clin d'œil aux collections d'Henri Mathieu, conçues dans les années 70.

2 - Recouverte d'une fine couche de résine (alliage de résine, de fibre végétale et de pigments), la structure de cette lampe teintée dans la masse et formée de branches équipées de petites lampes diodes, évoque les coraux des mers océanes.

Photo Hugues Lagarde

Les idées chaleureuses

Photo Patrick Smith

1 - Habillée d'une frise originale réalisée par Emmanuel Sayah, la grande cheminée maçonnée occupe tout un pan de mur. Elle présente un âtre encastré à hauteur des yeux, comme un écran télévisuel.

2 - Dans un écrin de peinture gris ardoise, la cheminée contemporaine joue la carte de l'élégance et de la simplicité dans ce salon intime et chaleureux.

Photo Christophe Raynaud de Lage

Les idées chaleureuses

1 - Intégrée à un mur de verre, la cheminée en pierre blonde s'impose avec force. Rectiligne, elle s'équipe d'un foyer circulaire et d'une ouverture vitrée. Conception Louis-Alexandre Krier.

2 - A partir d'un ancien conduit de cheminée, l'architecte Chloé Fréreau-Besnard a composé une œuvre géométrique, en juxtaposant des carreaux de plâtre peints à la chaux, autour du foyer encastré. Le premier encadre le foyer et le deuxième, qui apparaît en L, recentre l'ensemble.

3 - Sur le manteau de la cheminée de plâtre badigeonné à la chaux, les lettres de zinc apportent une touche ludique à l'aspect brut des couleurs et des matières.

Photo Christophe Rouffio

Les idées chaleureuses

1 - Titanesque, la cheminée s'élance sur une double hauteur. Sa structure en béton fondu (béton associé à du métal) s'appuie sur un lpn et s'habille d'une spectaculaire hotte en métal oxydé, dans laquelle s'enfonce un escalier en acier et fonte. Création Jacky Suchail, architecte.

2 - Semblable à une gigantesque cuve, cette cheminée dessinée par Cédrix Crespel, s'offre deux façades arrondies : l'une, à l'avant, est en métal ciré et l'autre, à l'arrière, en opaline bleutée. Pour une manipulation aisée, le foyer ouvert se situe à 1,50 m de hauteur.

Une vasque intégrée au sol et posée sur un socle d'acier compose l'âtre de cette cheminée dont le conduit télescopique s'abaisse jusqu'au-dessus foyer. On doit cette extraordinaire création à l'architecte anglais Norman Foster. Réalisation Dominique Imbert.

Fabricants et distributeurs

Fabricants et distributeurs

16-18, rue de l'Amiral-Mouchez
75686 Paris Cedex 14
Tél. : 01 45 65 48 48
www.massin.fr

© 2007 Massin Editeur

Conception et réalisation : ID Graphisme
Photogravure : RVB Éditions
Imprimé en France par IME - Baume-les-Dames (25)

ISBN 10 : 2-7072-0539-7
ISBN 13 : 978-2-7072-0539-1